LE MARQUIS

DE CORIOLIS D'ESPINOUSE

MARSEILLE

IMPRIMERIE MARSEILLAISE

Rue Sainte, 39

1885

LE MARQUIS

DE CORIOLIS D'ESPINOUSE

MARSEILLE

IMPRIMERIE MARSEILLAISE
Rue Sainte, 39

1885

LE MARQUIS

DE CORIOLIS D'ESPINOUSE

Le marquis de Coriolis d'Espinouse est décédé le 22 septembre 1884, au château de La Salle, dans la banlieue de Marseille, dans sa 71e année. Il était né le 25 décembre 1813.

Les articles consacrés à cette mort et aux funérailles par la presse marseillaise, puis par de nombreux organes de la presse parisienne et de la presse de province, disent assez quelle place tenait le défunt au milieu de ses concitoyens et de quelle considération il était environné. Nous nous bornerons à reproduire ici des fragments des articles consacrés à cette mémoire ; ils sont comme autant de couronnes de fleurs déposées sur le cercueil du gentilhomme chrétien, si digne de ses ancêtres, si fidèle à toutes ses convictions et si dévoué à son pays.

LA MORT

La *Gazette du Midi* s'exprimait en ces termes dans son numéro du 24 septembre :

« Nous avons le profond chagrin d'apprendre la mort inattendue d'un des hommes les plus respectés de notre Provence et des plus solides amis de la *Gazette du Midi*, M. le marquis de Coriolis est décédé hier, dans l'après-midi, à son château de La Salle, aux Caillols.

« C'était un type d'honneur et de loyauté, et il portait dignement un des plus beaux noms du Midi. S'il y avait beaucoup de catholiques et de royalistes résolus comme lui, nous ne courberions pas l'échine comme nous le faisons sous l'ignoble chose qui nous gouverne.

« Ancien lieutenant de vaisseau, M. de Coriolis avait épousé Mlle de Bonneuil, que l'on est habitué dans notre ville à trouver à la tête de toutes les œuvres où une femme chrétienne peut être utile, et dont le père mourut, il y a quelques mois à peine, à Paris, entouré de la vénération universelle. M. de Coriolis était le frère de ce vaillant vieillard qui, pendant le siège de Paris, prit simplement, comme tant de nos amis, le fusil pour défendre le sol de la patrie, et qui fut tué dans une des dernières sorties contre les Prussiens.

« M. de Coriolis, que nous venons de perdre, fut plusieurs fois candidat aux élections législatives, sans ambition aucune, mais toujours prêt et dévoué. Il ne manqua pas de se trouver, lors de l'exécution des décrets, au couvent des Capucins où l'on ne voyait peut-être pas tous ceux qui auraient dû y être, et il eut même l'honneur d'être personnellemeut crocheté. Nous nous rappelons le douloureux pèlerinage qu'il fit l'an dernier avec nous à Goritz, et là, comme depuis lors, nous pûmes constater combien profond était son deuil.

« C'est une véritable perte pour la société quand disparaissent des hommes de ce caractère et de cette vertu.

« M. de Coriolis laisse un fils encore jeune, et deux filles, dont l'une a épousé le colonel de Bonneval, qui commande actuellement l'ancien régiment du duc de Chartres.

« Le jeune représentant de cette grande famille, M. Pierre de Coriolis, se destine, nons dit-on, à la marine. Il ne trouvera dans cette carrière, comme dans toute la vie de son père, que des traditions d'honneur et de vertu, et nous ne lui souhaitons pas de meilleures leçons que les exemples paternels ; mais, plus heureux que son père, rien ne l'empêchera de porter l'épée et de servir la France dans le glorieux corps de la marine ; et d'ailleurs, lorsqu'il y entrera, la France sera libre. »

Le *Citoyen* disait le même jour :

« Cette fin inattendue nous a douloureusement surpris.

« M. le marquis de Coriolis comptait parmi les meilleurs amis du *Citoyen*.

« Fervent chrétien et soldat vaillant, le gentilhomme est mort comme il avait vécu, pieusement et bravement.

« Nous reviendrons sur la vie si digne du marquis de Coriolis. Pour aujourd'hui, tout entiers à la douleur profonde que nous cause sa perte, nous voulons nous borner à donner un témoignage public de sympathique condoléance à sa dévouée compagne, l'âme de tant d'œuvres de charité, et à tous les siens si cruellement frappés par cette mort que rien ne faisait prévoir. »

Le *Journal de Marseille* écrivait :

« Nous prenons part au deuil de Madame la marquise de Coriolis, une de ces femmes d'élite, active et généreuse, dont le nom est associé à toutes les bonnes œuvres. »

L'article ci-dessus de la *Gazette du Midi* fut reproduit textuellement par :

La *Gazette de France*, la *Guienne*, et partiellement par :

La *Provence nouvelle*, le *Mémorial de l'Allier*, le *Journal de la Meurthe et des Vosges*, l'*Union de l'Ouest*.

Citons ensuite le *Français* :

« Une perte cruelle vient d'affliger les royalistes de Marseille. M. le marquis de Coriolis, ancien lieutenant de vaisseau, s'est éteint subitement au château de La Salle, dans la banlieue de cette ville. Tout le monde sait quel impérissable honneur attachent à ce nom les souvenirs sanglants de la guerre. Sa mort a été dans Marseille un deuil public. Une foule énorme assistait à ses obsèques. Toutes les classes de la société y étaient représentées. »

L'Univers :

« M. de Coriolis est mort en fervent chrétien, comme il avait vécu.

Le Constitutionnel et *Le Pays :*

« C'était un des plus dévoués partisans du comte de Chambord. »

Le Soir :

« Le marquis de Coriolis, était, avec le marquis de Foresta, l'âme du comité royaliste de Marseille. »

Le Moniteur Universel :

« M. de Coriolis laisse un fils encore jeune et deux filles, dont l'une a épousé le colonel de Bonneval, qui commande actuellement l'ancien régiment du duc de Chartres. »

Le Journal du Loiret :

« Cette mort est un deuil pour la cause royaliste.

« M. le marquis de Coriolis a, en effet, constamment lutté pour le rétablissement de la Monarchie ; jusqu'à la dernière heure, il est resté sur la brèche. »

L'Anjou :

« M. le comte de Chambord honorait de sa haute

confiance et de ses communications personnelles M. le marquis de Coriolis, qui était, avec M. le marquis de Foresta, l'âme du comité royaliste de Marseille.

« Dans les grandioses réunions qu'ont tenues les fidèles de la Monarchie, au Roucas-Blanc et ailleurs, M. le marquis de Coriolis était l'objet des démonstrations unanimes et respectueuses qui accueillent le dévouement fidèle, éprouvé.

« La sagesse de ses conseils tempérait et dirigeait les jeunes ardeurs ; il donnait l'exemple d'une soumission aveugle, docile, aux instructions autorisées ; son aménité bienveillante et sa charité étaient légendaires à Marseille et dans les environs. »

Le Courrier de la Vienne et des Deux Sèvres fait une reproduction textuelle des lignes de l'*Anjou* qui précèdent.

Le Gaulois, même reproduction.

Journal de Paris :

« C'était un des plus dévoués serviteurs de la cause monarchique. Il était honoré de l'affection toute particulière de Monsieur le Comte de Chambord. »

L'Union du Languedoc :

« L'ancien lieutenant de vaisseau, démissionnaire après le coup d'état du 2 décembre, n'était pas de caractère à rester les bras croisés quand la France était envahie. Il fut attaché pendant le siège à l'état-major de l'amiral de Montaignac, et sa conduite à la porte de Vaugirard lui valut d'être promu officier de la Légion d'honneur.

« Plus tard, à Paris encore, contre d'autres adversaires pires que les Prussiens, il assistait les Jésuites crochetés, avant de venir payer de sa personne au couvent des Capucins de Marseille. »

Le Moniteur de l'Armée :

« Tout le monde sait quel impérissable honneur attachent à ce nom les souvenirs sanglants de la guerre. »

LES FUNÉRAILLES

Les feuilles marseillaises catholiques et royalistes ont rendu compte des belles funérailles avec les détails que comportait cette cérémonie. Le *Soleil*, de Paris, s'en est fait adresser un long compte rendu télégraphique et en a pris occasion de rappeler la vie du défunt. Voici l'article entier :

« Une des plus grandes figures du parti royaliste, un de ces caractères chevaleresques qui n'appartiennent plus à notre siècle, et qui ne se rencontrent guère que chez les générations antérieures, vient de disparaître dans la personne du marquis de Coriolis, mort il y a trois jours, en son château de La Salle, près Marseille.

« Porteur d'un des plus beaux noms de la noblesse provençale, sentant battre en lui le sang de ses aïeux tout bouillant de la ferveur et de l'enthousiasme du Midi, le marquis de Coriolis était fait pour porter jadis le haubert ; aussi l'on peut dire que, jusqu'à sa mort, il ne déserta jamais la lutte et que, malgré son grand âge, il s'est endormi du dernier sommeil, son épée près de lui.

« Tout jeune il avait été marin ; et, lorsque 1870 éclata, il jouissait, dans la retraite, du repos que lui avaient mérité ses campagnes d'autrefois.

« Mais lorsque, à travers les douleurs de l'invasion, il sentit retentir à son oreille le bruit du clairon, il eut la frénésie du combat ; il voulut entendre de nouveau crépiter les balles et se jeta dans la mêlée, un sac sur le dos, un fusil à la main.

« Et le soldat en cheveux blancs fut un héros qui stupéfia les plus vaillants.

« Après la guerre, le marquis, dont le patriotisme plaçait à juste titre le salut de la France dans le retour de la monarchie, ne passa guère de jour sans se dévouer pour elle et lui consacrer les dernières aspirations de sa glorieuse vie.

« Aujourd'hui, il est mort.

« Mais les obsèques de ce vieillard ont pris dans ce pays, — on pourrait dire dans toute la Provence,— le caractère d'un deuil national.

« Tous on voulu lui rendre honneur et saluer à son départ ce représentant disparu d'un chevaleresque passé.

« Malgré une pluie assez violente, une foule immense s'était portée au château de La Salle où devait se faire la levée du corps, et ses replis se déroulaient ininterrompus à travers le parc et jusque sur la route qui conduit à l'église des Caillols, où avait lieu la cérémonie funèbre; et la musique du village s'était fait un rigoureux honneur d'accompagner pour la dernière fois celui qui avait été le bienfaiteur du pays.

« Mgr l'Archevêque d'Aix présidait lui-même aux obsèques, entouré de son vicaire général, M. l'abbé Marbot, de M. le chanoine Ricard supérieur du collège Saint-Ignace, de plusieurs religieux victimes des expulsions et d'un nombreux clergé venu des paroisses circonvoisines.

« Précédé d'un char entièrement rempli de couronnes et de fleurs, le cercueil fut pris à la chapelle du château et placé sur le char mortuaire que suivaient, outre la foule émue, toutes les notabilités de Marseille et des environs, la presse royaliste marseillaise. les confréries, etc.

« Le fils du défunt, son gendre le colonel comte de Bonneval, et son beau-frère le comte de Bonneuil conduisaient le deuil, entourés de leur famille.

« Les cordons du poêle d'honneur étaient tenus par MM. les généraux de Colomb et Chevals, l'amiral de Lapelin, le capitaine de vaisseau Saillard, Michelin, commissaire de la marine en retraite, de Pérussis, sous-intendant, le comte de Villeneuve, Lemée, Michel-Colomb, le marquis de Montgrand et le baron de Gombert.

« Mgr l'Archevêque d'Aix a tenu à donner lui-même l'absoute et, voulant honorer hautement le grand caractère du vénérable défunt, a prononcé une touchante oraison funèbre.

« Puis, la messe terminée, le corps a été reconduit au château pour être inhumé dans le caveau de la chapelle. »

Cet article a été reproduit par la *Gazette de France* et cité en partie par divers autres journaux.

Voici des extraits du compte-rendu des obsèques par la *Gazette du Midi* :

« Malgre la pluie et la distance, un grand nombre de Marseillais ont eu à cœur de rendre les derniers devoirs à l'homme d'honneur, au chrétien et au royaliste qui nous a été si brusquement enlevé.

« Mgr l'Archevêque d'Aix, accompagné de M. Marbot, son vicaire général, est venu présider la cérémonie. Divers ecclésiastiques de Marseille, notamment M. le chanoine Ricard, supérieur du collège de Saint-Ignace, où est élevé le fils du défunt, M. l'abbé Bourcier, directeur de l'Œuvre des Conférences populaires, le clergé des paroisses des Caillols et de la Pomme, plusieurs religieux expulsés, entr'autres des Capucins, ouvraient la marche du cortège qui s est développé dans le parc.

« Le corps était déposé dans la chapelle du château de La Salle, et le char, jonché de couronnes, qui l'a reçu, l'a conduit à l'église des Caillols, distante d'environ deux kilomètres et paroisse du défunt.

« Un corps de musique de la Pomme exécutait des airs funèbres.

« Le deuil était conduit par M. Pierre de Coriolis, fils du marquis, par le comte de Bonneval, son gendre, par le comte de Bonneuil, frère de Mme de Coriolis et ancien représentant du Comte de Chambord dans le département de Seine-et-Marne, et par plusieurs autres membres de la famille.

« La messe a été chantée par M le curé des Caillols, et l'absoute donnée par Mgr Forcade. Le cercueil, ramené ensuite processionnellement, malgré la pluie torrentielle, au château de la Salle, a été descendu dans le caveau de famille, où Mgr l'Archevêque d'Aix a prononcé des paroles pleines d'émotion. »

Le Citoyen ajoute au récit des funérailles les notes biographiques détaillées que voici :

« D'une famille où les traditions de noblesse se sont perpétuées intactes et qui a su conserver, malgré la Révolution, le privilège aristocratique du dévouement au pays, il entra dans la marine en 1829. Il fit des campagnes successives dans la mer du Sud, dans le Levant, dans la mer de Chine sous les ordres des amiraux Hamelin, Hugon, Lalande, Cécile et Rigault de Genouilly ; prit part au combat de Basilan et fut fait chevalier de la Légion-d'honneur au combat de Tourane.

« Au coup d'Etat, il refusa de prêter serment à Napoléon III et donna sa démission.

« L'année suivante 1853, le 4 mai, il épousait Mlle Félicie de Bonneuil qui, digne compagne de cet homme d'honneur et de devoir, a acquis tant de titres au respect des honnêtes gens par son infatigable dévouement à toutes les œuvres destinées à restaurer la paix sociale et par son inépuisable charité.

« A la chute de l'Empire, dont les 18 années ne pesèrent sans doute à aucun français aussi lourdement qu'à ce gentilhomme qui avait rêvé de servir son pays l'épée à la main, M. de Coriolis se retrouva prêt à défendre la Patrie envahie, avec son héroïque frère tué sous les murs de Paris.

« Attaché en 1870, pendant le siège de la capitale, à l'état-major de l'amiral de Montaignac au 7e secteur, porte de Vaugirard, il mérita d'être nommé officier de la Légion d'honneur.

« Signalé de longue date, par l'élévation de son caractère, la solidité de ses principes, à ses concitoyens, il fut, en 1871, quoique enfermé dans Paris comme prisonnier de guerre, porté sur la première liste des candidats à la députation des Bouches-du-Rhône.

« Rentré, à la paix, dans la vie de famille, donnant tout son temps, toute l'activité de sa verte vieillesse aux œuvres de propagande et de zèle, il fut encore, à deux reprises différentes, porté comme candidat à la députation.

« Ce ne fut jamais une pensée d'ambition personnelle qui le poussa à tenter les hasards de la vie politique, mais uniquement le sentiment du devoir, le désir d'être utile à la cause de toute sa vie, de rendre service à ses concitoyens.

« En deux circonstances récentes, l'officier de marine regretta sûrement de ne plus être à la tête de ses marins: ce fut le 30 juin 1880, à Paris, lorsqu'il prit part à la défense des Jésuites contre les crocheteurs républicains; et le 30 octobre suivant, au siège mémorable du couvent des Capucins de Marseille, où il eut l'insigne honneur de dire leur fait, en homme de cœur, aux policiers employés aux basses œuvres de la République, et mérita, par sa noble attitude, d'être crocheté comme un religieux.

« Ces souvenirs revenaient à la mémoire des assistants pendant les funérailles, en remarquant les religieux Capucins qui étaient venus s'associer à la douleur des amis du défunt et de la population des Caillols.

« Nous ne faisons qu'esquisser ici ce que nous pourrions appeler la vie publique du gentilhomme dont la mort vient de faire un nouveau vide dans les rangs du parti royaliste.

« En jetant un coup d'œil sur le côté plus intime de son existence si chrétiennement remplie, que n'aurions-nous pas à ajouter à ce tableau ? Celui qui trace ces lignes a dû à une heureuse rencontre d'être initié au secret des charités que le marquis de Coriolis, suivant le précepte évangélique, avait grand soin de cacher à tous les regards. Si la voix publique peut raconter avec quelle chrétienne sollicitude étaient accueillis les pauvres qui venaient frapper à la porte du château de La Salle, on sait moins que ce gentilhomme chrétien n'attendait pas que la misère allât le solliciter. Rarement ses fréquentes descentes en ville se passaient sans qu'il courût visiter dans leur misérable taudis, à leur foyer déshérité, des infortunes auxquelles il avait à cœur de porter lui-même ses secours, ajoutant au don matériel cette parole du cœur, cette aumône morale qui console et soulage le pauvre plus que l'autre. Il nous a été donné de surprendre M. le marquis de Coriolis accomplissant, avec cette modestie qui était en quelque sorte le trait dominant de son caractère, les plus humbles devoirs de la charité chrétienne et réalisant ainsi, mieux peut-être qu'il ne l'eût pu faire l'épée au poing, l'idéal du gentilhomme chrétien, dévoué aux humbles et aux petits, et obéissant à cette grande loi de la charité qui seule est capable de rétablir l'harmonie et l'union entre les classes de la société.

« C'est parce que nous avons su cela que nous osons dire que M. le marquis de Coriolis fut vraiment un gentilhomme accompli.

« Il laisse cet héritage d'honneur et de vertu à ses trois enfants : Mme la comtesse de Bonneval, Mlle Madeleine de Coriolis et M. Pierre de Coriolis, destiné par son père à suivre cette carrière de marin que le malheur des temps ne lui permit pas de poursuivre.

« Nous en aurons dit assez des magnifiques obsèques qui lui ont été faites, quand nous aurons constaté qu'elles ont été dignes de lui. »

L'Univers, *le Figaro*, *le Courrier de la Vienne*, *le Messager du Midi*, le *Triboulet*, etc, etc., ont mentionné également les funérailles. Ce dernier donne en même temps une coute notice généalogique sur les Coriolis, note ainsi conçue :

« La maison de Coriolis, originaire d'Italie, s'est établie en Provence où elle a possédé un grand nombre de seigneuries considérables et produit des hommes illustres par leur science et leur zèle inviolable pour le service du Roi et de la patrie, soit dans les armées de terre et de mer, soit dans les plus hautes dignités des cours souveraines.

« Pierre de Coriolis, chevalier de l'ordre de Saint-Jean de Jérusalem et commandeur de Montferand, fut général des galères de Malte en 1450, sous le grand-maître de Lastic.

« Son neveu germain fut député de la ville d'Aix et du pays de Provence auprès des rois Louis XI et Charles VIII.

« La seigneurie d'Espinouse a été érigée en marquisat en 1651, en faveur de Coriolis, baron de Corbières.

« La seigneurie de Limaye a été érigée en baronnie en 1646, en faveur de Jean-Louis de Coriolis.

« La maison de Coriolis a possédé en outre les marquisats de Puymichel et de Saint-Jalles et s'est alliée aux familles d'Astuard, Pinelly, Grimaldi, Piolenc, Villeneuve Trans, d'Oraison, du Luc-Vintimille, de Grille, de la Tour du Pin-la-Charce, Montcalm, Boisgelin, d'Estampes, etc., etc. »

Nous ne pouvons mieux terminer ces citations de journaux que par les lignes émues insérées dans *l'Echo des Bouches-du-Rhône*, lignes signées de simples initiales E. M., qui trahissent aisément le nom de M. Marbot, vicaire général de Monseigneur l'Archevêque d'Aix :

« Cette semaine, M. le marquis de Coriolis d'Espinouse a rendu son âme à Dieu, en son château de La Salle, près Marseille. Cette mort finit une génération de cette famille de Coriolis, dont le nom est si souvent inscrit dans les pages de notre histoire provençale, aussi bien dans les archives du chapitre de Saint-Sauveur que dans les fastes du parlement d'Aix, sans compter ceux qui mirent leur épée au service de la patrie. La génération nouvelle, représentée par le fils du marquis Emmanuel, recueille tout un glorieux héritage d'honneur que sut dignement porter et accroître celui dont la tombe vient de se fermer.

« Le marquis de Coriolis était un ancien officier de marine. Ses débuts dans la carrière ouvraient devant lui un brillant avenir, quand il crut devoir briser son épée pour ne point prêter à l'Empire un serment qui répugnait à ses convictions politiques. En regrettant sa retraite prématurée, ceux-là même qui ne pouvaient pas comprendre le scrupule, aujourd'hui, hélas ! peu connu, de la foi jurée, ne purent du moins se défendre d'admirer la droiture qui dictait cette résolution. La droiture ! tel fut en effet la note distinctive de ce caractère ferme et vaillant, de cette âme ardente et limpide qui, sans jactance, ne reculait jamais quand il s'agissait d'un devoir à remplir et qui, sans arrière-pensée, s'effaçait toujours quand ce devoir était rempli. Nul n'était mieux que lui l'incarnation de l'honnêteté dans toute sa rondeur et sa loyauté. Et si nous ajoutons que ce parfait honnête homme était un parfait chrétien, nous donnons dans ce double trait, se confondant en un seul, la physionomie du gentilhomme de vieille roche que la mort vient de nous ravir.

« C'était bien là l'impression commune de tous ceux qui se réunissaient, jeudi dernier, aux Caillols, pour rendre les derniers devoirs à la dépouille mortelle du marquis de Coriolis. Autour de ce cercueil, disparaissant sous des couronnes, c'était bien une vivante couronne que formaient, en se confondant dans un même sentiment, les représentants de tous les rangs de la société. Plus d'une notabilité avait sagement jugé que sa place était là. Nous ne nommerons personne, pour que nul ne soit oublié. Qui songerait à s'en plaindre, puisque rien n'y était officiel ? Le cœur seul avait répondu à l'appel du cœur.

« Toutefois, à un titre particulier, nous remarquons qu'il y avait là deux hommes représentant tout un monde de souvenirs et toute une vie commune de vieille affection : Mgr l'archevêque d'Aix et M. l'amiral de Lapelin. Tous deux formaient, avec M. de Coriolis, le dernier groupe d'une société d'amis à l'origine assez nombreuse ; et cette amitié, comme celles que l'on retrouve toujours dans la marine, était forte et sincère, parce qu'elle était née bien loin, il y a de cela bien longtemps. C'était dans les mers de Chine. Le pavillon français couvrait en le délivrant de sa prison le jeune missionnaire de Leout-Cheou. Et ceux qui portaient haut l'honneur français, sans le séparer de l'honneur chrétien, en ouvrant leurs bras à l'abbé Forcade, lui ouvraient leur cœur. Ils s'appelaient Cécile, Duplan, Rigaud de Genouilly, de Candé, de Pampelonne, de Lapelin, de Coriolis et tant d'autres... Leurs rangs se sont éclaircis peu à peu. Et tous ceux qui savaient cette histoire ne pouvaient se défendre d'une certaine émotion, quand. devant le cercueil du marquis de Coriolis, ils virent les deux derniers de ces « camarades de navigation, » l'évêque qui venait d'officier et l'amiral qui venait de parler, se serrer douloureusement la main.

« C'était une éloquente façon d'affirmer l'union de l'honneur français et de la foi catholique Cette grande leçon, qu'il a du reste toujours reçue de son père, comme une tradition patrimoniale, l'héritier des Coriolis ne l'oubliera pas. »

Ce récit des obsèques ne serait pas complet si nous ne donnions ici le discours prononcé par l'amiral de Lapelin, le vieil ami du marquis de Coriolis, au moment où le cercueil était descendu dans les caveaux du château de La Salle ; le voici textuellement :

MESSIEURS,

L'éloge du gentilhomme chrétien, de l'homme de cœur que nous pleurons, dont la vie entière ne fut qu'un modèle à suivre, qu'un exemple a imiter, n'est plus à faire ; il est sur toutes les bouches, il est dans tous les cœurs de cette nombreuse assistance qui nous écoute. Permettez alors à un de ses frères d'armes, à une amitié qui compte plus d'un demi siècle, de vous parler du marin qui a laissé parmi nous des souvenirs qui survivront au camarade, à l'ami, qu'une mort trop cruelle vient d'enlever à sa famille, à notre affection.

Le nom de Coriolis appartient aux fastes de la marine. Vers 1450, Pierre de Coriolis, chevalier de Saint-Jean de Jérusalem, commandeur de Montferrand, Prieuré d'Auvergne, général des galères de l'Ordre, qui jouissait, dit l'historien Baudoin, d'une grande considération, fut chargé par le grand'maître Jean de Lastic de secourir le roi de Chypre, attaqué par le seigneur de Scandelora qui voulait s'emparer de l'île (1).

L'on retrouve ce nom généralement porté par des chevaliers de Malte dans toutes les annales de la marine de la monarchie. Le chevalier de Coriolis y figure dignement comme chef d'escadre dans la guerre de l'indépendance d'Amérique. A Emmanuel de Coriolis d'Espinouse était échu l'honneur de perpétuer ce nom parmi nous.

En 1829, nous entrions ensemble au vaisseau-école l'*Orion*. C'est de cette époque que date cette amitié qui ne s'est jamais démentie et qu'aucun nuage n'est venu troubler.

Les hasards de la carrière nous séparèrent sans jamais nous désunir. Il servit d'abord dans le Levant, plus tard dans l'Océan pacifique, prit part à l'expédition du Mexique, à la prise de Saint-Jean d'Ulloa et au débarquement de Vera-Cruz sous les ordres de chefs tels que les Lassus, Hugon de la Lande, de Parceval, Baudin, Hamelin, qui, justes appréciateurs du mérite du jeune marin et de sa

(1) Beaudoin: *Histoire des Chevaliers de Malte.*

grande vocation pour la carrière, le considéraient et le signalaient comme un officier d'avenir. Ce fut après son embarquement sur le vaisseau l'*Océan*, qui faisait partie de cette magnifique escadre réunie à Toulon en 1841, que nous pûmes nous retrouver ensemble sur la corvette la *Victorieuse*, commandant Rigault de Genouilly, désignée pour rallier dans les mers de Chine l'amiral Cécile, qui devait seconder M. de Lagrenée, chargé de conclure avec le Céleste-Empire un traité rétablissant nos rapports commerciaux, assurant à la chrétienté chinoise le libre exercice de sa religion et permettant aux missionnaires de répandre la parole de Dieu. Aucune campagne ne pouvait mieux répondre aux aspirations du jeune officier.

Pendant le cours des négociations avec la Chine, des pirates de Maluzo attaquèrent traiteusement des embarcations de la corvette la *Sabine*, qui avait eté envoyée remplir une mission toute pacifique. L'amiral Cécille ne pouvait laisser impuni un acte de déloyauté trop fréquent dans ces parages ; une expédition fut résolue et couronnée d'un plein succès.

De Coriolis s'y distingua tout particulièrement et fut fait chevalier de la Légion d'honneur. Le chef de division La Pierre avait succédé à l'amiral Cécile et devait assurer l'exécution du traité de Lagrenée. Malgré les stipulations formelles de son application aux États vassaux de l'Empire, la Cochinchine continuait ses persécutions contre les missionnaires. Les justes réclamations du commandant de La Pierre, sans être repoussées ouvertement, furent trainées en longueur, jusqu'au jour où l'éminent prélat, qui a daigné venir mêler ses regrets aux nôtres et qui appartenait à cette phalange qui portent partout le nom de Dieu et de la France, alors Monseigneur Forcade, évêque de Samos, découvrit la perfidie du gouvernement annamite, qui, par ses délais, ne voulait gagner que du temps afin d'armer ses cinq corvettes et quelques jonques de guerre pour attaquer au mouillage de Touranne la *Gloire* et la *Victorieuse*. Ce manque de foi, bien constaté par un commencement d'exécution, fut puni par la destruction des cinq corvettes, après un combat de plusieurs heures. De Coriolis commandait la batterie de la *Victorieuse*, dont le tir efficace à une distance plus rapprochée que ne pouvait l'être la *Gloire*, contribua puissamment au succès de l'action.

Ce devait être ses derniers services dans cette laborieuse campagne ; sa santé, très altérée par un séjour de plus de quatre ans sous un climat meurtrier, le força, à son grand regret, à rentrer en France. Il reprit la mer dès qu'il le put, et ce fut sur le *Charlemagne*, sous les ordres de notre ancien chef Rigault de Genouilly, que l'Empire en exigeant un serment qui répugnait à sa foi politique vint briser sa carrière. Qu'eût été celle-ci ? Dieu seul le sait. Cependant aux noms des chefs sous lesquels il servit et qui l'appréciaient à sa valeur comme officier, comme marin et comme homme, il est permis de croire qu'il fût venu prendre un rang distingué parmi les nombreux officiers généraux ses contemporains. Cette détermination fut accueillie par des regrets unanimes, car son caractère si loyal, si franc, si dévoué, si sûr dans ses relations, lui avait conquis l'affection de tous. Deux années plus tard, un mariage, auquel la Providence a sans doute contribué, l'unissait à la compagne qui, seule peut-être, pouvait lui faire oublier cette marine qu'il avait tant aimée et qu'il aimait encore.

S'il est un adoucissement possible à la grande douleur de celle qui vient d'être si rudement frappée, il doit être dans le souvenir d'avoir pris la place, dans le cœur du marin, des nobles regrets donnés à la carrière et de lui avoir apporté en échange le bonheur de la famille. Cette famille, vous la connaissez, et la Provence peut être fière de la compter au nombre de ses enfants.

Il fut l'un des premiers qui répondirent en 1870 à l'appel de la patrie en danger. Attaché à l'état-major de l'amiral de Montaignac qui était chargé pendant le siège de Paris de la défense du septième secteur, il y fut nommé officier de la Légion d'honneur pour ses brillants services ; mais il eut le suprême chagrin d'avoir son frère aîné, le marquis Charles de Coriolis, mortellement blessé à l'attaque de Montretout.

Cette mort brisait l'union de deux caractères si bien faits pour se comprendre, pour s'aimer, car c'étaient les mêmes pensées, comme le même dévoûment à Dieu et à la France qui les guidaient en toute chose.

Après avoir payé si vaillamment, et nous pouvons le dire, si douloureusement sa dette au pays, la paix le rendit à la vie de famille, à son cher La Salle qu'il aimait tant. Une de ses joies intimes était d'être revenu en Provence y planter sa tente à demeure, comme un de ses plus vifs désirs était de voir son fils continuer dans la marine ces traditions paternelles. Ce désir, cher ami, sera rempli. Pierre, guidé par ta sublime compagne, suivra tes traces et tes conseils. Je soutiendrai ses pas jusqu'au jour où nous serons réunis pour ne plus nous séparer.

Au nom de tous : Adieu ! Au mien : Au revoir.

Si bien retracée que soit la vie d'Emmanuel de Coriolis dans cette oraison funèbre d'un marin par un marin, il nous faut cependant revenir en arrière pour combler quelques lacunes. Nous voulons, en insistant un peu sur la conduite du gentilhomme français pendant le siège de Paris, rappeler aussi comment le royaliste fut mêlé aux luttes politiques et insister sur l'attitude du chrétien dans le grand scandale du crochetage des couvents.

Trois Coriolis étaient enfermés à Paris pendant le siège des Prussiens, et tous les trois y soutenaient dignement le renom d'une race d'épée : un jeune homme, représentant la branche cadette ; le marquis Charles de Coriolis, chef de la branche aînée d'Espinouse, qui devait être tué dans une des dernières sorties à l'âge de 70 ans, et Emmanuel de Coriolis, son frère, celui dont nous esquissons la carrière. Les deux frères sentaient vivement les douleurs de la patrie, comme nous en pouvons juger par une série de lettres adressées à leur femme et belle-sœur et qui nous ont été communiquées.

Nous demandons la permission d'extraire des fragments de cette correspondance intime, qui ne peuvent que faire une salutaire impression sur ceux qui ignorent comment vibrent des cœurs royalistes au nom de la France :

3 *Septembre* 1870, 6 h. 1/2.

« Nous nous réveillons découvrant que nous ne sa-
« vons plus faire la guerre, et cependant il faudra
« que la Prusse soit écrasée un jour et que Pierre soit
« élevé dans cette idée là. »

Vendredi 9.

« Je veux vous dire que cette séparation réitérée,
« dont je sens toute l'amertume, n'amène pas chez
« moi du découragement et que je demande à Dieu
« de vous en tenir à l'abri. Que Pierre apprenne à aimer
« son pays et que Dieu lui accorde de voir le pays
« relevé de la honte qui pèse sur lui et sur nos
« cœurs. »

Lundi, 12 *Septembre*.

« Charles vous a dit la bonne impression que nous
« avons rapportée du fort d'Ivry ; j'y ai rencontré
« La Roncière qui m'a dit qu'il était prêt partout. « Je
« perfectionne un peu tous les jours, a-t-il ajouté,
« mais tu sais, je suis paré. Tenez bien nos marins,
« a-t-il ajoute au commandant du fort. Voilà mon
« ami Coriolis qui les connaît bien et qui vous dira ce
« que l'on peut en tirer. Mais il faut les tenir. » Il a
« raison. »

Samedi, 18 *Septembre*.

« Je voudrais croire aux nouvelles de Bazaine qui
« fortifieraient l'esprit de résistance de Paris. J'ai vu

« Cochin ce matin ; il regrettait le départ de Fourri-
« chon pour Tours, mais il est loin d'être découragé.
« La lettre de l'Evêque d'Orléans vous aura fait plai-
« sir. Henriette priera d'autant mieux pour Paris qui
« peut sauver la France et qui ne peut pas faiblir sans
« faire déborder le calice de honte que nous avalons
« tous les jours. »

21 *Septembre.*

« Je rentre d'une promenade que j'ai faite aux
« ouvrages avancés avec Montaignac et qui me donne
« la plus grande confiance si l'attaque a lieu de ce
« côté. »

Dimanche, 2 *Octobre.*

« Je vous répète que l'attitude de Paris ne doit pas
« vous inspirer d'inquiétude pour nous ; mais, hélas ! la
« mesure de l'humiliation déborde et tout ce que nous
« redoutions est dépassé. »

12 *Novembre.*

« J'espère que vous avez plus que nous des nou-
« velles du pays, et c'est bien un autre sujet d'impa-
« tience que de ne rien savoir. Je dis rien de certain,
« ne voulant pas croire aux mauvaises nouvelles où
« l'exagération prussienne perce à tel point que per-
« sonne n'y croit, pas même les amis des Prussiens,
« qui se consolent ainsi de la minorité dont ils ont
« fait l'épreuve le 31 octobre. Nous sommes bien
« tranquilles depuis cette date et j'espère que le désir
« de la paix n'a pas assez amolli les esprits, pour leur
« faire croire que l'on a fait autre chose que de se
« préparer. »

2 *Décembre.*

« Espérons que cette date sera cette année plus « heureuse que celle qui, il y a 19 ans, ouvrait pour « notre pauvre pays cette ère de décadence au bout « de laquelle il se trouve. La journée d'avant-hier a « été glorieuse pour nos armes; le passage de la Marne « bien exécuté. Aujourd'hui le canon gronde depuis « 6 heures. Je viens de voir.. ....., il pense que la « journée sera rude, mais ce qui est le meilleur signe, « le bruit du canon s'éloigne, ce qui prouverait que « nous gagnons du terrain. »

6 *Décembre.*

« Nous venons de traverser de rudes journées, ou « plutôt notre armée les a soutenues avec gloire et « une solidité à laquelle tout le monde ne s'attendait « pas. Hélas ! les pertes ont été sensibles, mais il n'y « a eu ni indécision, ni débandade; et si l'on a été « arrêté dès l'origine dans l'exécution du plan conçu, « on a passé et repassé la Marne après avoir attaqué « les Prussiens jusqu'aux pieds de leurs positions trop « solidement fortifiées pour que nous puissions pré- « tendre conserver ces hauteurs. Quant à moi, puis- « qu'il faut bien ne pas fermer cette page sans donner « de mes nouvelles, spectateur inutile de cette belle « lutte au septième secteur, je n'ai pas le droit « d'exciter votre inquiétude. Je vais aller voir La Ron- « cière et le féliciter sur son affaire d'Epinay, très « bien menée. »

20 *Décembre.*

« J'ai conduit Charles hier soir jusqu'à la porte « Maillot. Il partait avec le 15me bataillon de marche : « il allait bien et ne souffrait que de l'excès de la

« chaleur sous le poids des vêtements et de son sac.
« Il sera sous les ordres du général de Beauffort. La
« persistance qu'il a mise à faire partie de ce bataillon
« lui fait généralement grand honneur et en étonne
« plusieurs mais non pas moi. Le voilà donc qui me
« donne comme aîné l'exemple de mieux faire. »

25 *décembre.*

« Il nous faut remonter 1870 ans en arrière pour
« nous réjouir ; mais l'espérance que Dieu nous a
« donnée n'a pas de limites en avant, et j'ai la foi bien
« ferme que Dieu n'a pas fait ce miracle nécessaire de
« racheter le monde pour en livrer en pâture une
« aussi belle partie que la France aux Prussiens ..

« Nous élèverons Pierre à vivre en solide chrétien
« qui doit penser qu'il est temps de pardonner à son
« ennemi en rendant le dernier soupir, quand cet
« ennemi foule notre sol. »

30 *Décembre.*

« J'arrive de Puteaux où j'ai passé dix jours dans une véritable villégiature, logé dans une charmante maison, avec quatre aimables compagnons, faisant bonne chère, déjeunant en ville, dînant au Mont-Valérien, couchant sur un lit un peu dur et, en somme, nous reposant au grand air, de la vie de Paris qui maintenant nous repose de la vie de Puteaux. C'est ainsi qu'en variant nos plaisirs, nous arriverons à la fin d'un siège qui commence à porter un âge respectable. J'ai retrouvé Emmanuel en bonne santé. Demain nous finirons ensemble l'année. Hélas ! nous la finirons donc sans avoir de vos nouvelles ! Où êtes-vous ? Comment êtes-vous ? Je le demande à tous les échos et les échos sont muets. »

Charles de Coriolis.

29 *janvier* 1871.

« Je ne me sens pas le courage de vous parler de « cette glorieuse mort qui nous plonge dans le deuil. « Nous ne parlions que de vous et des malheurs de « notre pays dont il ne pouvait se consoler ; il en « souffrait tellement qu'il en serait mort s'il n'en avait « été délivré par la mort la plus belle. Il n'était in- « quiet que pour moi pendant ces derniers jours où « les obus qui tombaient de mon côté lui faisaient, « m'écrivait-il, un vilain bruit. Je le quittai plein de « confiance le 18, et moins de 24 heures après il tom- « bait en avant frappé de deux balles mortelles à la « tête et au cœur. Votre frère a fait la mort d'un « gentilhomme, me disait l'aumônier qui a récité un « *De Profondis* sur son corps pendant que ses cama- « rades l'emportaient sur leurs fusils. Lui seul était « atteint, marqué sans doute par Dieu pour cette « glorieuse mort. Le bon curé des Missions est plein « de confiance. Voilà pour là-haut. Mais ici-bas où « trouverons-nous une consolation dans ce jour « qui consomme notre humiliation ? »

4 *février* 1871.

« Je vous écris avant de retourner à l'École militaire « où nous passons nos journées à achever ce triste « service qui nous reste à faire pour mettre le com- « ble à notre humiliation. Si je ne parle pas d'aller vous « rejoindre, c'est que ma position de prisonnier en « est la raison, et que même pour vous revoir je ne « ferai ni ne souffrirai qu'il soit fait une démarche.

« Nous courbons la tête en attendant les tristes « conditions de notre liberté ; rien n'en transpire que « leur dureté. »

M. Emmanuel de Coriolis fit part au Comte de Chambord de la mort de son frère aîné, alors que séparé de sa famille il ignorait si elle avait pu avoir connaissance du deuil qui la frappait, dans une lettre dont nous avons copie sous les yeux, et dont nous relevons ces passages :

« MONSEIGNEUR,

« Peut-être est-il déjà venu à la connaissance de « Monseigneur que dans cette dernière sortie sous « les murs de Paris un volontaire du bataillon de mar- « che de la garde nationale était tombé en avant de sa « compagnie déployée en tirailleurs à Bois-Préau et « que son corps avait été rapporté sur des fusils, à défaut « de brancards, par ses jeunes camarades MM. de Sainte- « Aldegonde, de Durfort, de Chollet et de La Mor- « vonnais, sous une grêle de balles qui continuaient à « tomber et qui, grâces à Dieu, n'en atteignirent aucun ; « elles avaient épargné heureusement aussi l'aumô- « nier qui venait de réciter à genoux un *De Profundis* « sur le corps de ce volontaire, de la main duquel « venaient de tomber les armes qu'il avait reprises « pour la défense de son pays après les avoir quittées « en 1830. J'en veux tirer l'assurance qu'il est mort « pour le Roi, puisqu'il est mort pour la France.

« Monseigneur, en agréant cette assurance, me « permettra de garder une consolation jusqu'au jour « où il me serait donné de lui faire la preuve qu'il « reste encore quelques gouttes d'un sang qui sera « toujours à la disposition du pays.

« Mon cousin le baron de Coriolis, rentré au service « pour prendre part à la défense nationale, recevait

« avec moi le 19 au soir le corps de mon frère, et il « ose espérer que Monseigneur voudra bien lui per- « mettre de se joindre à moi dans une circonstance « qui ne saurait affaiblir la sincérité de l'hommage « de fidélité et de dévouement que je viens respec- « tueusement déposer à ses pieds, me disant

« De Monseigneur

« Le très humble et très dévoué serviteur et sujet.

« F. de C. »

Monsieur le Comte de Chambord répondit par la lettre suivante où l'on trouve toute l'âme royale du premier des Français :

Le 26 février 1871.

« Je ne puis assez vous exprimer, mon cher « Coriolis, toute la part que je prends à votre « affliction fraternelle et à vos justes regrets. « Votre frère, dont la vie entière a été consacrée « à la cause du droit, lui a rendu un dernier « service en donnant à son âge l'exemple du « plus courageux dévouement à notre chère « et malheureuse patrie, et en succombant « glorieusement pour sa défense. Oui, vous « avez raison de le dire, il est mort pour le « Roi puisqu'il est mort pour la France. Aussi « son souvenir me sera-t-il toujours précieux « et cher. Je n'oublierai jamais son noble « caractère, son grand cœur, ses sentiments « si élevés, son inébranlable fidélité et son « héroïque fin. Dans les cruelles épreuves que « nous avons à subir, quelle consolation pour

« moi d'avoir vu mes amis marcher aux premiers « rangs dans la longue et admirable résistance « que Paris a opposée aux attaques de l'étranger. « Sur tous les points de notre territoire il en a « été ainsi ; mais combien j'ai amèrement re-« gretté de n'avoir pu partager leurs dangers « et verser comme eux mon sang pour mon « pays !

« Les détails que vous me donnez dans « votre lettre m'ont ému jusqu'au fond de l'âme. « Je sais depuis longtemps que vous ne faisiez « qu'un avec celui que vous pleurez, et en « toute circonstance je compte sur vous « comme je comptais sur lui. Soyez mon in-« terprète auprès de votre cousin le baron de « Coriolis et auprès de toute votre famille. Re-« cevez vous-même l'assurance de ma cons-« tante affection.

HENRI.

A M. le marquis de Coriolis d'Espinouse.

Pendant que M. de Coriolis était encore enfermé dans Paris, les royalistes de Provence plaçaient d'enthousiasme son nom sur la liste des candidats conservateurs, pour l'élection de l'Assemblée nationale, le 8 février 1871 ; ils ne pouvaient le consulter, mais ils étaient certains de pouvoir compter sur lui. Il apprit, en même temps que le résultat du scrutin, qui n'avait pas été complètement heureux, la marque de confiance dont il avait été l'objet. On a publié la lettre par laquelle un groupe de nos amis l'informaient de cette candidature, et celle, extrêmement modeste, par laquelle il se mettait en tout et pour tout à la disposition de ses concitoyens. Rien de plus digne et de plus patriotique que cette simplicité. Il avait obtenu 15.000 voix.

Les électeurs firent encore appel à M. de Coriolis en 1876 et en 1877, pour une candidature législative ; en ces deux dernières circonstances il était facile de prévoir un insuccès. Mais, exempt de tout calcul mesquin, incapable d'ambition vulgaire, ne se mettant jamais en avant dans un pays où l'on aime assez à produire sa personnalité, il était toujours prêt, toujours dévoué.

Si M. de Coriolis n'entra pas dans nos assemblées parlementaires, il ne perdit point pour cela les occasions de faire œuvre civique. Les abominables décrets de crochetage fournirent au chrétien celles de se montrer à un autre poste d'honneur, celui de témoin et de chevalier des persécutés. Le 30 juin 1880, au couvent des Jésuites, rue de Sèvres à Paris, le 29 octobre suivant, au couvent des Capucins à Marseille, le marquis de Coriolis paya de sa personne. Tous les honnêtes gens de Marseille se rappellent comment de vils policiers, commandés par un chef que, depuis, Dieu a appelé subitement à comparaître, ne craignirent pas de mettre les menottes à ce vaillant marin qui tenait tête aux malfaiteurs de la République comme il avait autrefois tenu tête sur un vaisseau aux ennemis de la France.

La conduite du marquis de Coriolis chez les Jésuites de la rue de Sèvres à Paris est ainsi racontée par M. Henri Cochin, dans le livre consacré au récit des brigandages maçonniques :

Dès 4 heures du matin, le Marquis de Coriolis se réunissait aux nombreux amis qui avaient pu passer la nuit rue de Sèvres, MM. Pihoret, de Luppé, d'Andigné, Odelin, etc.; une cinquantaine d'agents de police étaient aussi réunis.

A 4 heures 1/4, M. O. prévient le P. Pitot de l'arrivée de MM. Clément et Dulac. La foule grossissait toujours à l'extérieur : à l'intérieur, le crime se consommait ; chacun a pu lire les tristes événements de cette douloureuse matinée. Nous ne voulons rapporter que ce qui a trait au Marquis de Coriolis. A 6 heures, M. Andrieux arrivait rue de Sèvres. Il s'arrête derrière le kiosque des voitures. Il est habillé comme une gravure de modes et ganté de gris clair. A cette tenue on a peine à reconnaître le préfet de police.

Un manifestant auquel il demande son nom en ces termes, en le menaçant de le faire arrêter :

M. A. — Qui êtes-vous ?

Mis de C. — Je n'ai pas de nom à vous donner.

M. A. — Mais je suis le préfet de police.

Mis de C. — « En ce cas, je réclame la liberté de « circulation et le droit d'assister à vos violences ; je « vous déclare que vous consommez la dernière des « infamies et que c'est au marquis de Coriolis que « vous avez l'honneur de vous adresser. »

L'altercation devint très-vive, M. de C., avec ses glorieux souvenirs et sa croix d'officier de la Légion d'honneur, tenait tête vigoureusement au préfet de police. Celui-ci pâle, défait, finit par se retirer, en donnant l'ordre d'arrêter le gentilhomme, plus fier, à bon droit, que le proconsul qui faisait mettre la main sur lui. Vive la liberté ! crient plusieurs voix.

M. de Coriolis, emmené par deux agents de police à la préfecture, rencontre plusieurs représentants de la presse qui, apprenant aux deux agents les services rendus au siège de Paris par M. de Coriolis et la glorieuse mort de son frère à Montretout, leur firent honte du métier qu'ils faisaient. Ils rendirent d'eux-mêmes la liberté à leur prisonnier et se retirèrent la tête basse. C'est alors que M. de Coriolis, apprenant que le Père Dulac était réfugié rue de Varennes, chez la Comtesse de B., alla l'y rejoindre et l'accompagna en voiture à la préfecture de police, où ils furent reçus par M Caubet. Celui-ci était blême et paraissait peu fier de la triste besogne qui venait de s'accomplir.

Le dernier acte public de la vie du marquis de Coriolis fut le pèlerinage de Goritz. Il ne pouvait pas ne point se trouver dans ce grand cortège de Français fidèles qui se pressaient, les larmes aux yeux, autour du cercueil du dernier Bourbon de France de la branche aînée. Nous redescendîmes ensemble, il nous en souvient, silencieux, oppressés, de la colline de Castagnavizza où allait dormir de son dernier sommeil, à l'ombre de son drapeau sans tache, Celui qui avait personnifié pendant un demi siècle les espérances de la patrie. Chez M. de Coriolis comme chez beaucoup d'entre nous, il dut se produire, ce jour-là, un de ces ébranlements qui laissent des traces ineffaçables.

Que le jeune héritier du regretté défunt regarde quelquefois l'image de son père dans ces quelques pages de souvenirs de famille : une telle vie, commentée par les leçons et les exemples d'une mère supérieure aux épreuves, lui apprendra à marcher toujours droit, sous l'œil de Dieu, dans le chemin du devoir et de l'honneur.

www.ingramcontent.com/pod-product-compliance
Ingram Content Group UK Ltd.
Pitfield, Milton Keynes, MK11 3LW, UK
UKHW021529260726
13993UKWH00004B/1892